Carl Heyner

Der Deserteur

Dramatisches Zeitgemälde von einem ehemaligen Soldaten

Carl Heyner

Der Deserteur
Dramatisches Zeitgemälde von einem ehemaligen Soldaten

ISBN/EAN: 9783742888877

Hergestellt in Europa, USA, Kanada, Australien, Japan

Cover: Foto ©ninafisch / pixelio.de

Manufactured and distributed by brebook publishing software (www.brebook.com)

Carl Heyner

Der Deserteur

Der Deserteur.

Dramatisches Zeitgemälde.

Ein Beitrag zur Charakteristik der stehenden Heere.

Den Freunden des Friedens und der Freiheit

gewidmet

von

einem ehemaligen Soldaten.

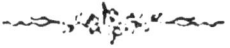

Zürich, 1870.
Verlags-Magazin.

Der Deserteur.

Dramatisches Zeitgemälde.

Ein Beitrag zur Charakteristik der stehenden Heere.

Den Freunden des Friedens und der Freiheit

gewidmet

von

einem ehemaligen Soldaten.

Zürich 1870.
Verlags-Magazin.

Vorwort.

Eine kleinere Anzahl jüngerer und älterer Männer, zusammengewürfelt aus allen Ländern deutscher Zunge, hatten sich seit 1867 hier zu einer kleinen Gesellschaft vereinigt, getrieben von dem Verlangen nach einer anregenden geistigen Beschäftigung, gegenüber den körperlichen Anstrengungen ihrer Tagesarbeit; sie beabsichtigten, durch Studium und deklamatorische Wiedergabe der Werke unserer deutschen Dichter diesem Drange nachzukommen, und mußten so, auch wenn sie den Ausspruch unseres Schiller nicht gekannt hätten, von selbst auf das ausgebildetste deklamatorische Wirken, theatralische Aufführungen, kommen.

Der Kreis, welchem sie die Früchte ihres Studiums und ihrer Uebungen vortrugen, bestand und besteht noch zum größten Theil aus jüngern Arbeitern, welche vorübergehend auf ihrer Wanderschaft hier verweilen. Es galt also zunächst in der Auswahl der Vorträge diejenigen herauszufinden, welche in Bezug auf Form und Inhalt diesem Zuhörerkreise angepaßt, dann aber auch einen Eindruck in Bezug auf unsere großen Zeitfragen zu machen im Stande seien; denn nur dem Amüsement ihrer Brüder und Landsleute zu dienen hielten sie sich nicht berufen, dafür ist in jeder größeren Stadt und so auch hier reichlich gesorgt.

Die Zeiten sind vorüber, wo der junge Handwerker nur in die Fremde ging, um die Merkwürdigkeiten fremder Städte und Länder zu sehen, seine vorgeschriebene Wanderzeit auszufüllen und sich dem Studium der verschiedenen Arten des Lebensgenusses hinzugeben. Der wandernde Handwerker von heute soll vor Allem, neben der Ausbildung in seinem Geschäfte, eine geläuterte Anschauung der politischen und sozialen Zustände zu gewinnen suchen; denn es ist leicht möglich, daß er die Kenntniß dieser wichtigsten Zeitfragen morgen in seiner Heimath nöthig hat, sei es nun im Berathungssaal seines heimathlichen Landtages, auf der Geschwornenbank oder aber beim Eintritt großer politischer Ereignisse, wie solche bei den noch herrschenden unnatürlichen Zuständen jeden Tag über uns kommen können. —

Angeregt durch die Bestrebungen der erwähnten Gesellschaft, in der angeführten Richtung durch Vorführung dramatischer Dichtungen zugleich auf Auge und Herz einzuwirken, entschloß sich Verfasser, die reichen Erfahrungen aus seinem Militärleben zu benützen, um durch ein möglichst treues dramatisches Gemälde den Widerspruch, in welchem das System der stehenden Heere allem Fortschritt, aller Menschenwürde schroff gegenüber steht, hervorzuheben. Leider muß er nun bekennen, daß es ihm unmöglich ist, diesen Widerspruch in der ganzen schrecklichen Gestalt, in welcher derselbe sich ihm während seiner ganzen Militärdienstzeit dargestellt hat, wiederzugeben. Insbesondere ist es das Verhältniß der Unteroffiziere zur Mannschaft, welches in vielen Fällen derart ist, daß sich die Feder sträuben muß, Scheußlichkeiten, wie solche von Ersteren verübt werden, niederzuschreiben. Diejenigen, welche sich durch Lesen urgemüthlicher

Soldatengeschichten und Wachtstubenabenteuer ein Urtheil über das Soldatenleben im Frieden gebildet haben, würden dasselbe nicht in Einklang mit ihren Empfindungen bei Kenntniß der wirklichen Zustände bringen können. Daß das System der stehenden Heere die Finanzen der Völker ruinirt, daß es die Hauptstütze des Despotismus ist, daß es endlich die Versorgungsanstalt für eine Heerde meistens adeliger Faulenzer geworden — weiß die ganze Welt, verdammt die ganze Welt! — Aber das tiefer liegende Elend, welches diese unnatürliche Anstalt hervorbringt, kennt und weiß nicht die ganze Welt, deshalb nicht, weil die Stimmen derer, die das Elend tragen müssen, zu schwach sind, um gehört zu werden; denn diese armen Knechte, Tagelöhner, Weber und sonstige Arbeiter wissen in dieser Lage kein Mittel, ihre Noth zu heben. Wenige besitzen genug Bildung, um einzusehen, daß es anders sein könnte; die Meisten sind davon überzeugt, es müsse so sein nnd könne nicht geändert werden. Wird ihnen die Quälerei einmal zu arg, so endet gewöhnlich Selbstmord, seltener ein Gewaltakt gegen den Peiniger, die militärische Laufbahn. Ich fordere Jeden auf, mich öffentlich zu widerlegen, der es anders gefunden hat. Möchten sich doch einmal unsere Statistiker die Mühe nehmen, nachzuweisen, wie viel größer die Zahl der Selbstmorde beim Militär gegenüber der Zivilbevölkerung ist! Mindestens 3—4 mal größer. Weiß ich doch einmal in unserer Garnison, d. h. bei ungefähr 4000 Mann Militär, innerhalb 14 Tagen 7 Selbstmorde herzuzählen! Selbstmorde bei Jünglingen von 20 bis 25 Jahren! In der Zeit, wo jedem Menschen das Leben im heitersten, schönsten Lichte erscheinen sollte! Welches Maaß von Hoffnungslosigkeit, Verzweiflung gehört bei einem jungen, kräftigen Landbewohner, der nie gewußt hat, was Sentimentalität ist, dazu, um Selbst= mordgedanken zu bekommen. Da dem Verfasser durch eine gute Schulbildung die Möglichkeit gegeben war, mit seinen Er= fahrungen vor die Oeffentlichkeit zu treten, so hält er es für eine heilige Pflicht, seine schwache Stimme für die Geknechteten, Unterdrückten zu erheben, und legt in nachstehendem „dramatischen Zeitbild", sowie in seinen nächstens erscheinenden „Skizzen aus den Geheimnissen einer Garnison" dem Publikum die Früchte dieses Bestrebens vor. Möge immerhin der Styl und die un= vollkommene Schreibweise den Laien in schriftstellerischen Arbeiten verrathen: es ist nicht gut möglich, daß ein Schrei der Noth einen angenehmen Klang habe, möge er nur von recht Vielen gehört werden und mögen Alle, welche diese Blätter gelesen, denen dies Schauspiel vorgeführt wurde, mit einstimmen in den Ruf:

„Nieder mit den stehenden Heeren! — Nieder mit dem Militärdespotismus!"

Zürich 1869.

Karl Heyner.

Der Deserteur.

Dramatisches Zeitgemälde in 2 Abtheilungen und 4 Aufzügen.

Personen.

1. Abtheilung: 2 Aufzüge.

v. Dünkel, Lieutenant.
Knolle, Korporal.
O. Reimann ⎫
Krause   ⎬
Protz   ⎬
Seiberlich   ⎬ Rekruten.
Käseberg   ⎬
Müller I   ⎬
Müller II   ⎬
Lindner   ⎭
Kästner, ein alter Bauer u. früher Soldat.
Röschen, seine Tochter.

Ort: ein Dorf, als Rekrutenstation in einem deutschen Mittelstaate.

2. Abtheilung: 2 Aufzüge.

Karl Reimann, unter dem Namen Adams, und
Eduard Kästner, unter dem Namen Edwards, zwei zurückkehrende Flüchtlinge.
Otto Reimann, d. Erstern Sohn.
Der alte Kästner.
Röschen.
Ein französischer Förster.
Zwei Forstgehilfen.
Arbeiter.

1. Aufzug: französ.=deutsche Grenze.
2. Aufzug: Gegend bei Zürich.

Erste Abtheilung.

Erster Aufzug.

Erste Scene.

Die Rekruten stehen in einem Glied schräg über die Bühne, Gewehr bei Fuß; Knolle vor ihnen.

Knolle: Noch einmal! Schultert's G'wehr! Eins! Zwei! Drei! — So! endlich zum 22. Mal geht's recht; (indem er sich den Schweiß abtrocknet) so wird's aber jedesmal kommen: wenn ein Griff nicht geht, müßt ihr ihn so lange hintereinander machen, bis es klappt wie ein Schlag! Die Hände müssen nur so weg= pfeifen, als wären alle an einem Schnürchen! — Käseberg! Wie steht der Kerl im Glied! wie eine schiefe Neun! möchte nur wissen, was die Doktors denken, wenn sie solche bockbeinige schiefe Kerls ausheben. In so 'ne Kreatur soll nun unsereiner eine Haltung 'reinbringen! (indem er ihn zurechtstößt) Kopf in die Höh! Kinn zurück! Brust 'raus! Schultern zurück! Bauch 'nein! Kniee durchgedrückt! die Füße in einem rechten Winkel! der Daumen fühlt sich an der Hosennath — das ist die vorgeschrie= bene Stellung und was ist der Soldat ohne diese? (1) — Protz! was haben Sie wieder zu lachen? Ihr Mosjehs aus der Stadt bildet euch ein, ihr seid die Gescheidtsten; jetzt seid ihr nichts als dumme Rekruten! — Was? Sie wollen sich wohl noch ver= mauliren? Im Glied wird nicht gesprochen!

Protz: Herr Korporal, ich habe ja nicht gesprochen, nur ein wenig nachgedacht.

Knolle. Das Denken ist beim Militär nicht erlaubt; der Kommandirende denkt für Sie; Nichts denken und s'Maul halten, da kommt man am besten mit durch. — Achtung! Gewehr ab! Rührt Euch! (Die Rekruten, die bis jetzt mit geschultertem Gewehr in Achtung standen, vollziehen das Kommando.) Wir gehen jetzt zur Theorie über und zwar für heute zur Erklärung der Kriegs= artikel. (Indem er ein Buch hervorzieht.) Also nehmt euch zusammen und laßt mich gute Antworten hören! (2)

Artikel I lautet:

„Aller Segen und Gedeihen kommt einzig und allein von dem allmächtigen Gott, darum soll jeder Soldat eines frommen, gottesfürchtigen Wandels sich befleißen, immerdar Gott vor Augen und im Herzen haben und in allen Stücken auf den Herrn der Heerschaaren sein frommes Vertrauen richten."

Lindner! Warum soll der Soldat fromm sein?

Lindner. Weil — weil's so befohlen ist.

Knolle. Esel Sie! Ist das 'ne Antwort? Reimann, antworten Sie!

Reimann. Weil der Mensch, welcher sich den Glauben bewahrt, daß er für sein Dulden dereinst im Himmel belohnt wird, alles Ungemach, wie es vorzüglich dem Soldaten beschieden ist, leichter erträgt.

Knolle. Ja, hm! (bei Seite) der verfluchte Kerl bringt immer so knifflich Antworten. (laut) Protz, was haben Sie wieder zu lachen! — Sie, Reimann, brauchen Ihre Antworten nicht immer so zu setzen, daß man denken muß, es stecke ein anderer Sinn dahinter. Weiter! — Artikel II heißt:

„Hiernach soll der Soldat geloben und schwören, daß er Sr. Majestät, unserm allergnädigsten König und Kriegsherrn, treu dienen und ihm in Krieg und Frieden mit Blut und Leben allezeit treu und gewärtig sein wolle."

Krause, warum heißt es hier: in Krieg und Frieden u. s. w.?

Krause. Weil das ganz egal ist; im Kriege geht's gegen den Feind und im Frieden gegen — (stockt).

Knolle. Na gegen was denn?
Protz. Gegen die Bürger!
Knolle. Habe ich Sie gefragt? Vielmaul! Gegen die Bürger müssen wir übrigens immer sein oder vielmehr gegen 's Civil, was ganz dasselbe' ist! (3) Denn sobald man des Königs Rock zu tragen die Ehre hat, ist man ein ganz anderer Kerl als so ein Civilist! Aber nein! Im Frieden muß der Soldat die Ordnung des Staates schützen und gewärtig sein, für seinen König gegen Empörer und Demokraten zu streiten, außerdem als Wachtposten das Eigenthum Sr. Majestät beschützen.

Artikel III:

„Und weil von der Subordination und Disziplin die Ehre der Armee abhängt, so soll jeder Soldat Sr. Majestät unserm allergnädigsten König und denen, die von ihm als Obere eingesetzt sind, unweigerlichen Gehorsam leisten, ohne Murren und Widerreden ihre Befehle vollziehen, und sich nie, weder in Worten noch in der That, denselben widersetzen. Wer gegen diesen Artikel handelt, wird mit schweren Freiheitsstrafen oder mit dem Tode bestraft." (4). —

Den Artikel merkt euch vor allen, denn in diesem hängen so zu sagen das ganze Gesetz und die Propheten. — Müller II! Schlafen Sie? Kerl!

Müller II. Bewahre Herr Korporal.

Knolle. So! was hätte ich denn jetzt gesagt?

Müller II. Darin hängen das ganze Gesetz und die Propheten.

Knolle. In was?

Müller II. Du sollst deinen Nächsten lieben als dich selbst.

Knolle. (Rekruten lachen.) Verfluchte Schlafmütze! Sie bleiben in Achtung stehen!

Müller I! Was verstehen Sie unter einem Vorgesetzten, Obern?

Müller I. Jeden, der eine Rangstoffe höher steht als ich.

Knolle. Richtig. Seiberlich! Wenn Ihnen also ein Korporal, diesem ein Sergeant, dem ein Lieutenant und sofort ein Vorgesetzter dem Untergebenen etwas befiehlt, was dieser nicht für Recht hält, was muß er dennoch thun?

Seiberlich. Den Befehl vollziehen ohne Murren und Widerrede.

Knolle. Gut! Und warum vollziehen, Krause?

Krause. Weil der Vorgesetzte die Verantwortung trägt für die Folgen seiner Befehle.

Knolle. Und wenn Sie, Reimann, in einer Revolte den Befehl erhalten auf Tumultuanten zu feuern, und Sie sehen unter denselben einen Freund oder Verwandten?

Reimann. So schieße ich — drüber 'naus!

Knolle. Wie, was untersteht sich der Kerl zu sagen? —

Reimann. Was mir mein Gewissen, mein Gefühl zu thun befehlen würde.

Knolle. Millionendonnerwetter! Ist das Gewissen Ihr Vorgesetzter? Gewissen! Gefühl! Da könnte man doch gleich des Teufels werden! (Indem er dem Reimann näher tritt und ihn anschreit.) Der Soldat im Dienst darf keine andern Eigenschaften haben als Gehorsam, unverweigerlichen Gehorsam! Gewissen! Gefühl! Lassen Sie das mal vor'm Herrn Hauptmann oder vor'm Herrn Oberst hören und Sie können d'rauf schwören, daß Sie vier Wochen im Arrest Nr. I. im Finstern d'rüber nachdenken können, was Gewissen und Gefühl ist. Und wenn Ihr Bruder vor Ihnen steht, schießen Sie ihn nur ruhig nieder; denn Ihres Königs Feind ist Ihr Bruder nicht mehr; Se. Majestät wird es schon vor Gott zu verantworten wissen, dafür nennt er sich auch von Gottes Gnaden; — der Herr Lieutenant kommt — Achtung! Schultert's Gewehr! (Geht dem Lieutenant entgegen.)

Zweite Scene.
Vorige. Lieutenant v. Dünkel.

Knolle (meldend). In Instruktion mit acht Mann Rekruten.
Lieutenant. (5) Lassen Sie beim Fuß nehmen, Korporal!
Knolle. Zu Befehl, Herr Lieutenant! Achtung! Beim Fuß G'wehr!
Lieutnant. (Geht am Glied herunter, Jeden aufmerksam visitirend.) Wie stehen Sie da, Käseberg? Mein Schatz, mein Freund, Sie Wachsstock! Ob's wohl möglich ist, in solchen Bauernlümmel eine Haltung 'reinzubringen, (stößt ihn zurecht) immer als ging's noch hinter'm Pflug her, und das Gewehr hat der Kerl in der Hand, als wär's eine Mistgabel! Was soll die lächerliche Miene, Protz? Das Lachen will ich Euch schon noch austreiben, mein Schatz, mein Freund, Sie Wachsstock! — Korporal! der Krause hat wieder zwei Knöpfe nicht geputzt und hier am Gewehr ist ein Rostfleck! Zwei Stunden Flinten tragen!
Knolle (mit einem wüthenden Blick auf Krause). Zu Befehl, Herr Lieutenant!
Lieutenant (klopft Reimann auf den Tornister). Tornister besser ausklopfen! (zieht ihn an den Haaren) und die Studentenhaare abschneiden! Sind, Gott straf' mich, einen halben Zoll zu lang, sonst lass' ich's ihm abschneiden! Mein Schatz, mein Freund, Sie Wachsstock! Sie gottverdammter Hund! — (immer noch, indem er an ihm herumzerrt) Und die Halsbinde sitzt auch nicht in der Mitte! Sie werden mir ein sauberer Soldat! — Lassen Sie abtreten, Korporal.
Knolle. Zu Befehl, Herr Lieutenant! Achtung! Tret' ab!

Dritte Scene.
Lieutenant. Knolle.

Lieutenant. Ich muß Sie darauf aufmerksam machen, Korporal, daß Sie mir die Leute etwas schärfer halten; der Rekrut muß stark beschäftigt werden, damit er keine Zeit behält

Allotria zu treiben, und vor Allem müssen Sie Fleiß verwenden, den Burschen die albernen civilistischen Ansichten vom militärischen Wesen zu verleiden. Sie wissen, daß in dieser Beziehung allerhöchsten Orts die strengsten Befehle erlassen worden sind.

Knolle. Sehr wohl, Herr Lieutenant.

Lieutenant. Diese allerhöchsten Befehle besagen auch, daß die Subaltern- und Unteroffiziere eine scharfe Aufsicht und Controle zu führen haben über den Umgang der Soldaten mit Civilisten, und bei Wahrnehmung von Umständen, welche auf Verbindung mit demokratischem Gesindel oder auf aufreizende Lektüre schließen lassen, schleunigst auf dem Dienstwege Meldung zu machen haben.

Knolle. Sehr wohl, Herr Lieutenant.

Lieutenant. Speziell mache ich Sie in dieser Beziehung auf den Reimann aufmerksam; der Vater dieses Burschen war schon ein Rebelle und wäre erschossen, wenn man ihn erwischt hätte, wie Sie in der Conduitenliste (6) finden werden; außerdem bezeichnet ihn diese Liste als eifrigen Zeitungs- und Bücherleser; muß stark beschäftigt werden, bei Gelegenheit mal Flinten tragen, Revue machen. (7)

Knolle. Sehr wohl, Herr Lieutenant.

Lieutenant. Und daß mir der Mann sein Zeug selbst putzt; habe gehört, daß ihm dies Kameraden verrichten.

Knolle. Er spielt gut Geige und, damit er ihnen etwas vorgeigt, putzen sie ihm derweil das Zeug.

Lieutenant. Ich befehle aber, daß dies in Zukunft unterbleibt und mache Sie dafür verantwortlich; mein Schatz, mein Freund, Sie — (brummend ab.)

Vierte Scene.

Knolle (sieht dem Lieutenant nach, immer noch in Stellung).

Knolle (indem er sich auf sein Gewehr lehnt). Das war eine sogenannte Nase! Möchte nur wissen, warum die Offiziere und vor allen der Herr Lieutenant den Reimann so auf dem Striche haben? Wird mir wahrhaftig schwer, den armen Teufel zu malträtiren, aber was hilft's! Gehe ich ihm nicht auf's Leder, steigt man mir auf's Dach! S'ist wahrhaftig ein Hundeleben! Immer Einer dem Andern sein Popanz! — Na, in zwei Jahren habe ich's fünfzehnte, dann Adieu Kommißbrod und Strohsack; wie will ich mich wohl befinden, als wohlbestellter Gendarm oder Grenzwächter. Wenn diese Aussicht nicht winkte, möchte der Teufel das glänzende Elend holen. (Ab.)

Fünfte Scene.

Reimann, Röschen am Arme, spazierend.

Röschen. Siehst Du, lieber Otto, so geht's bei uns. Seit meine gute Mutter gestorben, ist es kaum zum Aushalten mit dem Vater, und doch ist er sonst so gut! ach so gut! — Wie glücklich waren wir, als ich noch klein war; bis zu dem Jahr, wo überall Revolution war. Da hatte ich zwei Brüder — weißt Du, der eine war auch Soldat, Unteroffizier, und kam manchmal in seiner Uniform zum Besuch, — das war jedesmal eine Freude! und der Andere war ein Schlosser und auch in der Residenz, das war so ein Lieber, Guter und hatte so schöne blonde Locken, immer brachte er mir was mit. Und nun sind alle beide schon so lange todt, — und meine gute Mutter mußte auch bald sterben, vor Kummer und Herzeleid.

Reimann. Das hast Du mir nie gesagt, liebes Röschen, wie sind beide so schnell gestorben?

Röschen. Ach siehst Du, das ist's ja eben, der Vater sagt nie etwas davon, und jedesmal, wenn ich darnach fragte, wurde er bös für manchen Tag und sprach dann gar nicht mehr; das mußte ich doch auch vermeiden.

Reimann. Du hast Recht, meine Liebe. Nun vielleicht, wenn ich einst sein Sohn heißen darf, ist es uns beiden vergönnt, ihm in seinen alten Tagen sein Unglück vergessen zu lassen.

Röschen. Ach! aber wie lange wird das noch dauern, ehe Du von den Soldaten wegkommst, und wenn es nun gar Krieg gibt?

Reimann. Darüber kannst Du ruhig sein, mein liebes Schätzchen, unser kleines Land mischt sich nicht in die Welthändel.

Röschen. Ja, aber warum müssen denn da die jungen Leute sechs Jahre Soldat sein? (heimlich) Und siehst Du, der Vater war ja auch im Krieg, und ist doch auch aus unserm Land!

Reimann. Warum sagst Du mir das so heimlich, kleines Närrchen?

Röschen. Warum? Weil der Vater allemal so bös wird, wenn man davon spricht und sagt, es sei alles Blut in dem Kriege umsonst geflossen.

Reimann. Da mag er wohl Recht haben.

Röschen. Und der Vater hatte doch auch eine große Medaille an einem blauen Bande für den Krieg bekommen, und einmal, ach ich weiß es noch so gut, trotzdem ich damals nur ein kleines Mädchen war, — einmal kam er Abends von einer Reise, woher, das weiß ich nicht, — die Kleider zerrissen, verbrannt im Gesicht und an den Händen und bestäubt. Die Mutter saß und spann und hatte mir, die ich zu ihren Füßen saß, Geschichten erzählt; mit verstörtem Blick trat er in's Stübchen und da die Mutter angstvoll fragte, was ihm sei, da lachte er schrecklich laut auf und sagte, es sei weiter nichts, als Alles wäre vorüber und ihr ältester Sohn, mein Bruder, sei auch gefallen im Kampfe. Da ging meine arme Mutter laut weinend in die Kammer, die sie nicht wieder verließ, bis man sie hinaustrug nach dem Kirchhofe. — (Röschen verhüllt ihr Gesicht.)

Reimann. Arme Mutter! Ich ahne das Schreckliche!

Röschen. Dann nahm mein Vater seinen Sonntagsrock aus dem Schranke, woran seine beiden Orden; die riß er ab, trat sie unter schrecklichen Verwünschungen mit Füßen; seinen Militärabschied, der schön eingerahmt an der Wand hing, den zerschlug er mit dem Beil und warf die Trümmer in's Feuer; nachher wurde er ruhiger, setzte sich und nahm mich, die ich vor Angst laut weinte, auf seinen Schooß, mich zu beruhigen; ich fühlte noch, wie seine Thränen über meine Stirne liefen, dann bin ich in seinen Armen eingeschlafen. — Von da an ist er nicht wieder froh geworden. (Man hört hinter der Scene rufen.) Ach jetzt ruft er mich, geschwind, laß uns fort!

Sechste Scene.
Kästner (geht gebeugt an einem Stock). Die Vorigen.

Kästner. Röschen! Röschen! Wie, finde ich Dich wieder hier in dieser Gesellschaft? Sogleich nach Hause mit Dir! Und von Ihnen Mosjeh, verbitte ich mir die meiner Tochter zuge= dachte Ehre, dies sage ich Ihnen heute zum letzten Male.

Röschen. Vater, lieber Vater! sei nicht bös! gewiß, er meint es gut mit Dir und mir!

Kästner. Haha, mit Dir! wer zweifelt daran? Ich fürchte nur, er möchte es zu gut mit mir meinen! (zornig) Jetzt fort mit Dir, nach Hause!

Röschen (zögernd Reimann die Hand reichend.) Sei ruhig, Otto; es ist mein Vater. (Ab.)

Kästner. Und Ihnen, Herr, (mit erhobener Stimme) sag' ich's zum letzten Mal: meiden Sie mein Kind, mein letztes Kind! (mit drohender Geberde) oder beim ewigen Gott, Sie sollen sehen, daß meine alten Knochen noch so viel Kraft besitzen, einem Knaben solche Gedanken auszutreiben! (Er hat sich bei den letzten Worten zornig in die Höhe gerichtet und wendet sich zum Abgehen.)

Reimann (hält ihn mit versöhnlicher Geberde zurück.) Ich ver= zeihe Röschens Vater diese Beleidigung, erkundigen Sie sich, Herr Kästner, ob man Reimann die Schlechtigkeit zutraut, welche Sie voraussetzen, dann —

Kästner (hat sich beim Hören des Namens schnell umgewendet). Reimann! Reimann! War Ihr Vater der wackere Patriot Rei= mann, der nach der Revolution flüchtig wurde?

Reimann. Gewiß, Herr Käſtner.

Käſtner. Und wo lebt er jetzt?

Reimann. Wir ſind ohne alle Nachrichten geblieben. Wenn wir nicht hofften, daß ſeine Briefe verloren gegangen oder unterſchlagen wurden, ſo müßten wir ihn todt glauben.

Käſtner (legt Reimann die Hand auf die Achſel.) Nun wohl, junger Mann, ſie ſind der Sohn meines alten Freundes, des= halb will ich Ihnen ſagen, was mich zum harten, menſchen= feindlichen Greis gemacht hat. (erregter) Ich will Ihnen ſagen — doch hören Sie (faßt ihn hart am Arm in großer Aufregung). Junger Menſch, haſt Du einen Bruder?

Reimann. Nein, doch —

Käſtner. Dann danke Gott, denn dann brauchſt Du nicht (ihn näher ziehend, laut in's Ohr) ſein Mörder zu werden! — Aber Du haſt einen Vater und es kann, nein, es wird der Tag einſt kommen, wo Du als königlicher Söldner den Kämpfern für Frei= heit und Recht gegenüber ſtehſt! Und in ihren Reihen iſt Dein Vater zu finden, wenn er noch lebt, ſo gewiß Du in ihren Reihen mich, den Vater Deiner Geliebten findeſt, wenn ich noch eine Hand rühren kann, und da ſieh' Dich vor, daß nicht Dein Blei, Dein Schwert den Vater treffe, daß Du nicht zum Vater= mörder werdeſt, oder aber Dein Vater Dir den Hirſchfänger in die Bruſt ſtoße, ſowie ich es meinem Sohn gethan habe! — (Schlägt die Hände vor's Geſicht und ſinkt von Reimann geſtützt auf eine Bank.) Pauſe.

Reimann. Schrecklich! O ſchrecklich, armer Vater!

Käſtner (nach einer Pauſe ſich aufrichtend mit tonloſer Stimme). (8) Es war an jenem berüchtigten Auguſttage, wo man unſerm Prinzen bei Gelegenheit einer Abendmuſik einige Fenſter einwarf, die Tumultuanten waren Studenten, erbittert darüber, daß dieſer Prinz ſeinen Sohn von den Jeſuiten erziehen ließ; aber um dieſe Tumultuanten hatten ſich viele Tauſend Neugierige und Spaziergänger verſammelt. Da nun jenes Fenſtereinwerfen und Pfeifen nur mit Blut abgewaſchen werden konnte, ſo wurde eine

Abtheilung Soldaten dem Menschenhaufen durch Gebüsche in den Rücken geführt und von hier aus in die nichts Ahnenden ein mörderisches Gewehrfeuer eröffnet! Jetzt flohen mit Wuth und Jammergeschrei die Ueberfallenen auseinander; aber 16 Todte und viele Verwundete tränkten mit ihrem Blute den Boden! Unter den Gefallenen, Gemordeten war auch mein jüngster Sohn, seiner Mutter Liebling, meine Hoffnung, ein blühender liebenswerther Jüngling! — Unter den Mördern aber, Herr, war sein Bruder, mein ältester Sohn! — Und als ich diesen nun fragte, ob er in die Luft gefeuert bei dem Mordbefehl, da fand ich, daß die höllische Dressur und die Kriegsartikel sein Herz verhärtet hatten, denn er antwortete mir: „Rebellen gegen meinen König gehören scharfe Schüsse!" Wohl verstieß ich ihn mit harten Worten aus seinem elterlichen Hause und Erbe, aber ach, in meinem Herzen hatte ich ihn noch nicht verstoßen; ich hoffte noch immer, Gott werde seinen harten Sinn ändern. —

Und wieder vergiengen Jahre, da stand ich, der Kämpfer von 1812—13 auf Dresdens Barrikaden! Die höllische Maschine der stehenden Heere that ihre Schuldigkeit, die Sache des Rechts, der Freiheit unterlag, eine Barrikade nach der andern wurde erstürmt; als es auf der meinigen zum Handgemenge kam, wurde ich, der nur noch den Hirschfänger besaß und aus mehreren Wunden blutete, mit einem pulvergeschwärzten, bärtigen Krieger handgemein. Ein junger Mann, der uns Munition zugetragen, kam mir zu Hülfe, der Soldat streckte ihn mit einem Schusse nieder, drang auf mich mit dem Bajonett ein, ich schlug es ihm zur Seite und stieß ihm meinen Hirschfänger in die Brust; — — als er sterbend zurücksank, erkannte ich an seinem Auge, seinem Blick meinen Sohn! —

Reimann (erschüttert). Mein Gott! Mein Gott!

Käftner (aufstehend und im Abgehen). Nun, junger Mann, begreifen Sie jetzt, warum ich den Tag verfluche, an welchem ich Vater wurde? Warum ich lieber meine einzige Tochter todt wissen möchte, damit sie nicht dereinst in Verzweiflung und Jammer sterbe, wie die Mutter meiner Söhne? (langsam ab.)

Reimann (sieht ihm erschüttert nach). Und gibt es wirklich Menschen, welche die Verantwortung tragen für solche Schrecken? Gerechter Gott, wann machst Du der Unmenschlichkeit ein Ende? Vorhang fällt.

Zweiter Aufzug.

Erste Scene.

Soldatenquartier in einer großen Bauernstube. Rekruten in verschiedenen Stellungen an zwei langen Tischen vertheilt, mit Putzen ihrer Waffen und Montur beschäftigt. Reimann und Protz am untern Ende des einen Tisches allein sitzend. Reimann hat den Kopf in die Hände gestützt und scheint leise mit Protz gesprochen zu haben.

Rekruten singen.

„Und dem Sohne des Ruhmes und der Ehre
Reicht ein Jeder freundlich die Hand,
Und das Vaterland, das rufet ihn zur Wehre,
Darum preiset den ruhmvollen Stand.
Es lebe hoch! Es lebe hoch! Es lebe hoch der Kriegerstand!"

Protz (schlägt Reimann auf die Schulter). Hast Du gehört, Reimann? Ha, ha, ha! Es lebe der ruhmvolle Stand, ein schöner Refrain zu Deiner Erzählung! Na, da will ich Euch was Besseres singen. (Singt und die Andern fallen nach und nach ein.)

„Auf, ihr Musketiere, laßt uns laufen,
:,: Friedrich Wilhelm, :,: unser guter König,
Gibt das Geld nicht zum Versaufen!
Zwar zwei Groschen, zwar zwei Groschen,
S'ist en Bißchen wenig; lauft nur, lauft,
Ihr dürft ja gar nicht müde sein,
Reibt Euch den Magen mit Branntwein ein.

:,: Lustig leben die Soldaten
Leiden keine Noth;
Gibt's nicht immer Schweinebraten,
Gibt's doch Kommißbrot!":,:
(Die Rekruten fallen nach und nach ein.)
Melodie: Sturmmarsch.

Käseberg. Jetzt, Reimann, kommst Du d'ran! Trink' erst mal; (hält ihm eine Flasche hin) so trink' doch! Ich sage Dir, 's ist guter selbstgebrannter Korn; habe heute wieder ein Schiff gekriegt vom Alten, da hat er zwei Flaschen mit eingepackt.

Reimann. Ich danke Dir, Kamerad; aber trinken kann ich heute nicht, auch nicht singen.

Lindner. Na, was hast Du wieder heute! Laß die Grillen fahren! Wegen dem bischen Schikaniren laß Dir keine grauen Haare wachsen.

Käseberg. Einem Kerl wie Dir steht die ganze Welt offen! Die Vorgesetzten werden schon noch einsehen, daß Du ein ganzer Kerl bist!

Lindner. Ach, wenn ich Deine Kenntnisse hätte, wollt' ich im ersten Jahre schon Korporal sein.

Käseberg. Ja! Es muß doch ein schönes Ding sein, so gelbe Schnüre und ein Porteépée tragen zu dürfen.

Lindner. So'n zehn, zwanzig Kerls kommandiren, später vielleicht gar bis zum Feldwebel steigen.

Käseberg. Nachher so mit 600 Rthlr. Stellvertretungsgeld den Abschied und einen schönen Posten als Gendarm oder Grenzwächter kriegen. —

Protz. Dann die Köchin vom Herrn Oberst oder Major heirathen.

Lindner. Die Kinder, das heißt die Jungens erzieht der Staat.

Protz. Ja und wenn es zum letzten Appell kommt, eine halbe Kompagnie mit Trommler und Lieutenant als Ehrenbegleitung.

Käseberg. O Du lieber Gott, wenn ich nur die ver=
fluchte militärische Haltung besser behielte. Ich sage Euch, wenn
Schinken und Würste was helfen können, so bin ich bald Kor=
poral oder —

Reimann (aufstehend). Ich habe mich auf was besonnen,
will Euch eins vortragen, aber singen kann ich nicht.

Müller II. Nur 'raus damit.

(Alle gruppiren sich um Reimann.)

Reimann.
Der Gott, der Eisen wachsen ließ,
Der wollte keine Knechte,
D'rum gab er Säbel, Schwert und Spieß
Dem Mann in seine Rechte;
D'rum gab er ihm den kühnen Muth,
Den Zorn der freien Rede,
Daß er bestünde bis auf's Blut,
Bis in den Tod die Fehde!
D'rum wollen wir was Gott gewollt
Mit rechten Treuen halten
Und nimmer um Tyrannensold
Die Menschenschädel spalten!
Doch, wer für Tand und Schande ficht,
Den hauen wir in Scherben,
Der soll im deutschen Lande nicht
Mit freien Männern sterben!

Protz (drückt ihm die Hand). Ich danke Dir, Otto!

Reimann. So, jetzt denkt einmal über den Sinn dieses
Liedes nach, vergleicht denselben mit den Kriegsartikeln und dem
Standpunkt, auf welchem wir als Soldaten stehen, und dann
wird Euch auch die Melodie des Liedes einfallen.

Müller II. Ach was Sinn, Kriegsartikel, Standpunkt
und Melodie! Der Soldat soll nun mal nicht denken und ich
sollte meinen, Dir selber wäre das schon schlecht genug bekommen.

Käseberg. Ich sage Dir aber, wenn mir nicht der ver=
fluchte militärische Anstand und das Putzen so viel zu denken
gäbe, wollt' ich's doch mal versuchen, über das nachzudenken.

Müller I. Ganz recht, wenn der Reimann so 'n schwachen Gehirnkasten hätte wie unsereiner, dann käme ihm so was gar nicht zu Sinne.

Krause. Seit uns jeden Tag in jeder freien Stunde die Kriegsartikel, militärischer Anstand und alles Teufelszeug eingeteilt worden und das verfluchte Chicaniren mit dem Putzen obendrein —

Protz. Wird Dir von allem dem so dumm, als ging Dir ein Mühlrad im Kopfe 'rum!

Krause. Nee, als stünde ich immer mit einem Bein im Zuchthaus.

Käseberg. Ich sage euch, ich träume von nichts mehr als von Arrest, Flintentragen, Zuchthaus und Todtschießen. (10)

Müller II. Nicht 'mal mehr von Deiner Rike?

Käseberg. Dummer Kerl! Was ficht Dich meine Rike an!

Müller II. Was? Dummer Kerl! Kameraden, dafür wird er geschäftet! Faßt ihn! (Alle ohne Reimann durcheinander:) Hurrah! Schäften! Faßt ihn.

Käseberg (stellt sich in Positur). Kommt nur an! Kommt nur an! (Zwei fassen ihn von hinten, andere greifen zu und legen ihn unter Lachen und Geschrei rücklings auf den Tisch; Müller II. nimmt einen Stiefel an Absatz und Spitze, Krause ebenfalls und holen damit aus.)

Krause. Eins, zwei! —

Zweite Scene.

Vorige. Knolle hat die Thüre geöffnet und bleibt einen Augenblick stehen; er ist in Schlafrock und Pantoffeln, raucht eine lange Pfeife.

Protz (hat ihn zuerst gesehen). Achtung! (Blitzschnell machten Alle Front nach dem Korporal. Käseberg setzt sich in Achtung auf den Tisch, Müller und Krause, je der die ausgezogenen Stiefel in der Hand, und Protz und Reimann nehmen Stellung.)

Knolle. Millionendonnerwetter, was ist das für'n Skandal! Bitte mir Ruhe aus! Himmelherrgottsakrament! Nicht mal' seinen Rapport kann man in Ruhe schreiben! Was haben Sie zu lachen, Protz? 's geht doch wieder von Ihnen aus! Nicht?

Proß. Nein, diesmal nicht.

Knolle. Na, das is 'n Wunder. *(im Abgehen umkehrend)* Reimann, Sie putzen in Zukunft Ihr Zeug selber.

Reimann. Ja wohl.

Knolle. Was ja wohl! Zu Befehl, Herr Korporal! heißt's. Sie melden sich übrigens 14 Tage lang jeden Morgen beim Herrn Lieutenant, reduemäßig geputzt und gepackt.

Reimann. Zu Befehl, Herr Korporal.

Knolle *(besieht Reimann's Patrontasche)*. Wie sieht die Tasche wieder aus? Sie werden noch der schlottrichste Kerl von der Kompagnie! Na, man wird ihn schon zu kriegen wissen, Bürschchen! — Ja so! bald hätt' ich's vergessen! 6 Mann sind kommandirt zum Scheibenschießen. *(Bezeichnet 6 mit der Hand.)* 1! 2! 3! 4! 5! 6! Marsch mit Euch! *(mit den Rekruten bis auf Proß und Reimann ab.)*

Dritte Scene.

Proß und Reimann.

Proß. Was Teufels fällt dem Knolle ein? Ist doch sonst ziemlich gut gegen Dich gewesen?

Reimann. Das kann ich Dir sagen, Freund; das nennt man Jemanden maßregeln.

Proß. Aber woher? warum?

Reimann. Hast Du nicht bemerkt, daß der Herr Lieutenant Dünkel mich jetzt seiner Aufmerksamkeit würdigt?

Proß. Aber weshalb?

Reimann. Wahrscheinlich deshalb, weil er sieht, daß ich mich nicht ganz so Sclave fühle, wie dies doch sein sollte —

Proß. Aber Reimann! Bin ich —

Reimann. Ruhig Freund! Ich will nicht sagen, daß dies innerlich bei Dir oder Andern der Fall ist, sondern daß ich zu den Menschen gehöre, denen man es zu deutlich ansieht, wenn sich's in ihnen empört gegen Tyrannei.

Protz. Du mußt aber auch den Lieutenant nicht immer so verächtlich ansehen! ha! ha! ha! Du glaubst nicht wie lächerlich das aussieht, wenn er auf Dich zankt und Du, vor ihm in steifer Haltung, wirfst ihm solchen Blick zu —

Reimann. Ich sage Dir, Freund, mir ist's nicht lächerlich! Wer hat diesen Menschen zu meinem Herrn gemacht? Warum mißbrauchen solche Leute die ihnen zu einem andern Zweck gegebene Gewalt? — Kamerad! Laß Dir etwas sagen: Ich muß fort! Desertiren!

Protz. Ah bah! Wirst Dich unglücklich machen! Sei doch gescheidt!

Reimann. Unglücklicher kann ich nicht werden, aber ein Unglück kann's geben für Andere, wenn ich bleibe. So schön dacht' ich mir die Ausübung dieser Pflicht, aber ich sage Dir, es ist mir wie Schuppen von den Augen gefallen.

Protz. Ach denke doch! Vaterland und Alles, was Dir theuer ist, verlassen müssen —

Reimann. Ha! ha! Vaterland? Wo ist meines? Mein Vater irrt in der Welt umher, heimathlos, weil er sein Vaterland und die Freiheit liebte. Ich will fort, ihn zu suchen und will nicht warten, bis mich ein feindliches Geschick ihm im Kampf gegenüberstellt —

Protz. Aber Otto! Durch solch' trübe Brille mußt Du nicht Alles sehen; nimm's humoristisch auf, wie ich! Und in 6 Jahren ist's ja überstanden; wir können's doch nicht ändern.

Reimann. Der Gedanke kann mich nicht trösten. Und bedenkst Du auch, welch' ein Geist durch die vom Militär Entlassenen in's Volk kommt? Der Knechtssinn, der Geist des blinden Gehorsams, die Gewohnheit, Andere für sich denken zu lassen, und dieser Geist kommt in den Theil des Volkes, welcher der Kern desselben sein soll, wird von den Vätern auf die Kinder übertragen und erleichtert so trefflich das Herrschen! Die bessern oder vielmehr die besitzenden Klassen werden durch allerhand Köder, als: Loskauf, einjährigen freiwilligen Dienst,

Cabettenhäuſer ꝛc., zu Mitſchuldigen der Despoten gemacht; da entſtehen denn ſolche Menſchenkarrikaturen, ſolche moraliſche Krüppel, wie Du deren ſo viele unter unſern Vorgeſetzten fin=
deſt; das Volk aber, das arme Volk hat eine ganze Rotte Feinde mehr, die aus ſeiner eigenen Mitte hervorgehen! (11) O! es iſt zum Verzweifeln!

Protz. Ich fühle das alles lebhaft mit Dir, Freund! Sieh! ich muß es ertragen, denn mein Vater verlöre in mir den Sohn, der ſeine alten Tage ihm ruhig machen ſoll. Aber gewiß, kommt einſt eine Zeit der Erhebung gegen die Entwür=
diger der Menſchheit — ich bin nicht der Letzte. —

Reimann. Das weiß ich, lieber Junge; ich kenne dein Herz! Aber ich kann nicht warten! Mit tauſend Armen zieht's mich hinaus aus dieſem Joch, hinaus in die Welt, meinen Vater zu ſuchen. — Höre, Freund! Wir wollen uns dieſe Sache heute Abend beſprechen, denn daß Du mir beiſtehſt —

Protz. Wie kannſt Du noch fragen! Ich halte hier aus wegen meinem Vater, Du gehſt fort wegen Deinem Vater; aber dem Vaterland und der Freiheit gehören unſere Herzen, mögen wir ſein, wo wir wollen. (Beide ab.)

Vierte Scene.

Platz vom erſten Akt. — Röschen, verfolgt von Lieutenant Dünkel.

Röschen. So laſſen Sie mich doch nur in Ruhe, ich muß meinen Vater ſuchen, das Abendbrod iſt fertig.

Lieut. Du ſiehſt ja, er iſt nicht zu finden und bis er kommt will ich Dir ſchon die Zeit vertreiben. (Will ſie um=
faſſen.)

Röschen. Wollen Sie mich wohl gehen laſſen! Ich rufe gewiß um Hilfe! Vater! Vater!

Lieut. Sei ruhig, liebes Närrchen; begreifſt Du nicht, daß ich Dich ſo lieb habe; ſo lieb, daß ich gar nicht weiß, was ich thue!

Röschen. Und ich, Herr, hab' Ihnen schon oft gesagt, daß der Reimann der ist, den ich liebe, und wenn Sie mich nicht in Ruhe lassen, werd' ich es ihm gewiß noch sagen müssen.

Lieut. Das, mein Herzchen, kannst Du ihm schon sagen, er muß sich's für eine Ehre schätzen, daß sein Offizier den gleichen Geschmack besitzt wie er; deshalb kannst Du gleichwohl ein wenig mit mir kosen, — komm — (umfaßt sie.)

Fünfte Scene.

Reimann hat im Kommen den Vorgang gesehen, springt schnell zu und reißt den Lieutenant weg, sich zwischen ihn und Röschen stellend.

Reimann. Zurück, Herr! Schämen Sie sich nicht? Sie, ein Offizier, vergreifen sich an einem wehrlosen Mädchen! Gehört das auch zu den Privilegien Ihres Standes?

Lieut. (steht einen Augenblick wie erstarrt, bricht dann wüthend los.) Was untersteht sich der Schurke? (Reißt den Degen aus der Scheide.) Nieder mit Dir, elender Rekrut.

Reimann (faßt ihn kräftig an beiden Handgelenken.) In dieser Sache stehen wir uns als Menschen gegenüber, versuchen Sie es, ob Sie mich unter vier Augen wie einen Hund behandeln können. (Stößt ihn zurück, indem er ihm den Degen zerbricht und die Stücke ihm vor die Füße wirft.)

Lieut. Das sollst Du mir entgelten, Schurke! (wüthend ab.)

Sechste Scene.

Reimann. Röschen.

Röschen (schmiegt sich zitternd an ihn). O, der abscheuliche Mensch! Lieber, lieber Otto! Wie gut war's, daß Du kamst; wenn der Vater kam, wurde es gewiß viel schlimmer.

Reimann. Ha! Wenn er dafür Zeugen hätte! Wie viel Jahre Zuchthaus wären wohl mein Loos. Doch wird er sich wohl hüten, den Hergang zu erzählen.

Siebente Scene.
Vorige. Käseberg.

Käseberg. Richtig! Da liegt er! Wie ist denn der zerbrochen? (Hebt den Degen auf.)

Reimann. Der Herr Lieutenant hat damit nach Regenwürmern gegraben — um zu angeln, dabei ist er abgebrochen!

Käseberg. Hm! Regenwürmer! Sonderbar! Der war aber wüthend, traf ihn eben dort am Zaun, da befahl er mir den zerbrochenen Degen zu holen, schrie mich an, fürchterlich!

Reimann. Das glaub' ich wohl! Hahaha! Ist's doch ärgerlich, wegen paar Regenwürmern solch' feinen Degen zu zerbrechen. (Käseberg nachrufend.) Morgen Scheibenschießen, Kamerad?

Käseberg. Ja! früh 5 Uhr wird ausgerückt! (Ab.)

Achte Scene.

Reimann. Doch laß Dich jetzt nach Hause begleiten, lieb Röschen.

Röschen. Und nicht wahr, ich brauch' mich nicht vor dem bösen Lieutenant zu fürchten?

Reimann. Sei ganz ruhig, meine Liebe; sieh' dort steht Käseberg und hebt eben einige Regenwürmer auf, die wird er ihm bringen. Hahaha! Kommt der Herr Lieutenant Dir wieder zu nahe, so frage ihn nur, ob ihm Käseberg wieder Regenwürmer bringen soll und Du wirst sehen, wie er davon läuft. (Beide ab.)

Neunte Scene.

Scheibenschießen. (12) Lieutenant mit Lorgnon und Brieftasche. Rekruten in vollständiger Ausrüstung treten, so wie sie gerufen werden, vor und schießen in die Scene.

Lieut. Jetzt Visir auf 400 Schritt! Käseberg! Fertig! — (Käseberg zielt und schießt.)

Lieut. (hat durch's Glas gesehen und notirt). Nr. 10, guter Schuß! Lindner! fertig! (Lindner tritt vor.)

Lieut. Wie stellen Sie sich zum Schießen an, als wollten Sie mit der Büchse dreschen! So den Arm! So den andern! Fertig! (Lindner schießt.)
Lieut. (wie oben). Na, da hat 'mal 'n blindes Schwein eine Eichel gefunden! Schießt der Kerl eine 12. Reimann! Fertig! (Reimann tritt vor.) In welchem Aufzug unterstehen Sie sich anzutreten? Nichts geputzt! Gar nichts geputzt! Nicht 'mal die Stiefeln! Wahrscheinlich wieder mit Dirnen herumgetrieben die ganze Nacht! Sie Schwiemelbächer!
Reimann. Das thue ich nie, Herr Lieutenant.
Lieut. (indem er ihn stößt). Wollen Sie sich noch vermauliren? Mein Schatz, mein Freund, Sie Wachsstock, Sie niederträchtiger Schuft!
Reimann (faßt mit drohendem Blicke sein Gewehr).
Lieut. Wie! Sie unterstehen sich drohende Stellung gegen Ihren Offizier zu nehmen? Sie sind arretirt wegen schwerer Insubordination! Lindner! Müller II! Faßt den Meuterer! Entwaffnet, bindet den Hund! (Rekruten unschlüssig. Protz macht eine Bewegung, sich dazwischen zu werfen.)
Reimann (mit vorgehaltener Büchse einige Schritte zurückweichend). Ruhig, Kameraden! Zurück! Der Erste, welcher mich anrührt, ist ein todter Mann! Und Sie, Herr Lieutenant, hören Sie! Ich sehe wohl, Sie möchten mich durch Chikanen und Quälereien in's Zuchthaus bringen! Dem will ich vorbeugen; nicht durch Selbstmord, zu welchem Helden Ihres Schlags schon manchen braven Burschen gebracht! Nein! Ich werde desertiren! Vor Ihren Augen desertiren.
Lieut. (schäumend vor Wuth entreißt einem Mann die Büchse). Steh, Hallunke!
Reimann (im Anschlag). Ich gehe jetzt zurück bis zum Waldessaum dort; der Erste, der sein Gewehr erhebt, eh' ich ihn erreicht, ist ein Kind des Todes! Sie, Herr Lieutenant, und Ihr, Kameraden, wißt, daß ich mein Ziel nicht fehle.

Lieut. Laßt Euch nicht schrecken! Faßt ihn!

Reimann (ist indeß wieder einige Schritte rückwärts gegangen). Ich warne nochmals!

Lieut. Nun, ihr Feiglinge! Traut sich Keiner? Nun so — (erhebt die Büchse, im selben Augenblicke stürzt er von Reimann's Schuß todt nieder. Alle stehen erstarrt.)

Reimann (hat sich nach dem Schuß vorgebeugt mit starrem Blick, dann sich wieder aufrichtend.) Allmächtiger Richter, Du weißt, daß mein Herz frei ist von dieser Schuld! Mein Leben, meine Freiheit mußt' ich schützen! (Wirft Büchse und Tornister weg.) Jetzt lebt wohl, Kameraden! Ihr seid Zeugen, daß ich mein Leben vertheidigte! (Zieht den Hirschfänger.) Der Gott der Eisen wachsen ließ, der wollte keine Knechte! Otto, leb' wohl! Sagt meinem Röschen, daß ich frei sein werde oder todt — (ab.)

Zehnte Scene.

Rekruten. Knolle in Eile. Kästner im Hintergrund.

Knolle. Was ist hier geschehen? Was seh' ich? Der Lieutenant! (Kniet bei ihm nieder.) Todt! Todt! In's Herz geschossen; (aufspringend) wer hat das gethan?

Protz. Reimann hatte das Unglück! Sein Gewehr ging ihm unversehens los.

Knolle. Reimann! Ha, ich merk's! Wo ist er? Hier liegt sein Gewehr —

Protz. Er ist fort — gleich nachdem — (auf den Lieutenant zeigend).

Knolle. Und Ihr steht ruhig hier und laßt ihn entwischen? Wo hinaus?

Protz (nach der falschen Richtung deutend). Dort hinaus.

Knolle. Müller II! Protz! Bleibt als Wache bei der Leiche. Ihr Andern ladet's Gewehr! Bajonnette auf! Zur Seite Gewehr! Marsch! Marsch! (Ab bis auf Protz und Müller.)

Elfte Scene.

Proß. Müller. Käftner.

Käftner (langsam an den Todten tretend). Ich hörte ihn zanken, den da; nun ist er ruhig! So kam es schon oft und wird noch manchmal so kommen. Warum habt ihr auch kein Gefühl für die, welche doch euere Brüder sind, die ihr aber als Sclaven behandelt! — Und doch! — Auch dieser junge Mensch hat Mutter, Vater und Schwester. Viele heiße Thränen werden um ihn geweint! — Fluch! Ewigen Fluch denen, die der Menschen Herzen also verdrehen, daß sie einander zerfleischen!

(Vorhang fällt.)

Zweite Abtheilung.

Erster Aufzug.

Erste Scene.

Waldstraße an der französisch-deutschen Grenze. In der Mitte der Scer steht der Grenzpfahl. **Adams** und **Edwards** treten von der französische Seite herauf, Edwards zuerst einen Schritt nach dem Grenzpfahl machend dann stehen bleibend.

Edwards. Jetzt thun wir den entscheidenden Schritt Hier ist die Grenze.

Adams. Endlich, endlich seh' ich Dich wieder! Heimath liebe Heimath! Sei mir gegrüßt viel tausend mal, du heilige Boden. Wieder fühl' ich dich unter meinen Füßen! In de Heimath! Zu Hause! Wie fährt mir der Gedanke durch di Seele! — Wie oft hat das Gedenken an dich dem Verbannten Flüchtigen fast das Herz abgedrückt. — Wer zählt die Thränen die im Verborgenen um dich geweint wurden von den Männern die von dir fliehen mußten? Als Mann floh ich von dir, geächtet verfolgt. Als Greis erst sehe ich dich wieder, noch immer geächtet! Heimlich muß ich dich betreten, um den zu suchen, de mir die Augen zudrücken soll! O! mein Sohn, mein Sohn Werden dich meine alten Augen wiedersehen!?

Edwards. Glücklicher Mann!

Adams. Glücklich? Spottest Du in dieser ersten Stunde?
Edwards. Freilich. Du kannst nicht glauben, daß es einen Menschen gibt, der Jemand um solch' eine ungewisse Hoffnung beneidet! — Hinter Dir liegt ein fleckenloses Leben, zwar reich an Ungemach aller Art, aber auch reich an erhebenden schönen Erinnerungen; vor Dir doch noch eine schöne, wenn auch schwache Hoffnung. — Meine Vergangenheit! — Ewig seh' ich auf blutgetränktem Boden, inmitten starrer Leichen das bleiche Todtengesicht meines Bruders! Ewig frage ich mich: War es dein Blei, welches ihn tödtete? Und immer und immer wieder seh' ich mich als wahnsinnigen Schlächter meiner Landsleute in den Straßen Dresdens — gegenüber meinem alten Vater, den Todesstoß auf seine Brust führend! Wie wohl wäre mir, wenn mich sein Stahl recht getroffen hätte! — Aber eine Hoffnung habe ich noch, Eine! Die Hoffnung auf Rache, an denen, die mich zum Brudermörder — ja beinahe zum Vatermörder gemacht! Rache an denen, die den Müttern die Söhne rauben, um sie auf einander zu hetzen. Wie oft schon hätte ich meinem elenden Leben ein Ende gemacht, wenn mich diese Hoffnung nicht hielte.

Adams. Weg mit diesem Gedanken! Weg mit Rache, mit Selbstvernichtung! — Die Rache überlaß dem Geist der Weltgeschichte, der mit schreckensvoller Unerbittlichkeit seine fürchterlichen Gerichtstage hält! Nicht gegen Personen kämpfen wir Männer des Fortschrittes — sondern gegen böse Prinzipien. Diese müssen wir vernichten und Pflicht ist eines Jeden und auch die Deine, sich zu erhalten und zu kräftigen für diesen Kampf! — Komm'! Setze Dich zu mir auf diese Bank, von der man so herrliche Fernsicht hat auf unser liebes deutsches Land! Sieh dort den alten Vater Rhein! Wie ein breites Silberband zieht er sich hin durch herrliche Gauen; altersgraue Städte, freundliche Dörfer spiegeln sich in seinen Fluthen —. Welch' ein Anblick! Wem geht da nicht das Herz auf! (steht auf und schwenkt den Hut.)

Von deiner Berge höchsten Spitzen
Hinab zum fernen Meeresstrand,
Zieh' Deine Flammengrüße blitzen
Geliebtes deutsches Vaterland.
Die Schatten flieh'n! So lasse prächtig
Im Morgenroth dein Banner weh'n;
Sei einig, deutsches Volk, sei mächtig
Und frei wie deine Berge steh'n!

Edwards. Die Schatten flieh'n?!

Adams. Sie werden flieh'n vor dem Lichte der Aufklärung und Bildung im Dienste der Freiheit und Humanität. Und auch die Schatten Deines Lebens werden flieh'n, armer Freund! Du trittst vor Deinen alten Vater an der Hand seines alten Freundes und er wird Dir verzeihen, denn er ist Dein Vater! Und daß Du damals nach Heilung Deiner Wunden die Beförderung zum Offizier, den Orden ausschlugst, daß Du vorzogest, als Deserteur verfolgt und geächtet über's Meer zu fliehen, um nicht länger den Unterdrückern zu dienen, — Dies wird dem alten Freiheitskämpfer beweisen, daß Du wieder sein Sohn heißen darfst.

Edwards. Wie oft schon mußte Deine weise Rede mich aufrichten, mein Freund, mein zweiter Vater! Du warst es, der mir die rettende Hand bot, als ich arm und verlassen in New-York an's Land stieg, — Du warst immer und immer wieder mein Tröster und Berather in so vielen trüben Tagen. — Wohlan! Laß uns gehen, Du Deinen Sohn zu suchen, mich zu den Füßen meines Vaters die Verzeihung. (Beide ab.)

Zweite Scene.

Man hört schnell hintereinander zwei Schüsse fallen, dann stürzt Reimann mit bloßem Kopf, aufgeriss'nem Rock, den Hirschfänger in der Hand, auf die Bühne.

Reimann. Die Grenze! Die Grenze! Gerettet! (Bricht zwei Schritte über der Grenze zusammen.)

Dritte Scene.

Reimann. 2 Gendarmen.

1. Gendarm. Dort liegt er! Dort! mein letzter Schuß muß ihn getroffen haben! Auf! Binden wir ihn!
2. Gendarm. Er liegt auf französischem Boden.
1. Gendarm. Thut nichts; Niemand ist in der Nähe; also vorwärts!

Vierte Scene.

Vorige. Ein französischer Förster mit zwei Gehilfen. Indem die Gendarmen Reimann binden wollen, springt der Förster vor und drängt sie weg.

Förster. Wer gibt Ihnen das Recht, auf französischem Boden Verhaftungen vorzunehmen? Weg von dem Mann! Weg sag' ich Euch!

1. Gendarm (untersucht sein Gewehr; bei Seite). Verflucht! Unsere Büchsen sind wieder nicht geladen. (Laut.) Der Mann ist ein Verbrecher, Todtschläger!

Förster. Das wird sich finden; auf der nächsten Präfektur wird man ihn ausliefern, wenn Eure Behauptung wahr ist. Glaub's aber nicht; denk' es ist ein Deserteur.

(Reimann ist erwacht, springt auf und setzt sich in Vertheidigungszustand.)

Ruhig, Freund! Ihr habt nichts zu fürchten. (Zu den Gendarmen, welche ihre Büchsen laden wollen.) Wer Miene macht, sein Gewehr zu laden, hat es mit dieser geladenen Doppelbüchse zu thun! (Zu seinen Gehilfen.) Jetzt, ihr Burschen, nehmt den Mann mit Euch nach dem Forsthaus, dort soll er sich erst erholen, ehe wir ihn nach der Präfektur bringen. Ich decke den Rückzug.

(Während die Gehilfen Reimann fortführen, bleibt der Förster mit fertig gemachter Büchse gegenüber den Gendarmen.)

Zweiter Aufzug.

Zwei Monate später. Ort der Handlung in der Nähe Zürichs.

Erste Scene.

Adams und Edwards treten auf; spazierend.

Adams. Was hilft mir nun das sauer erworbene Gut? Mit all' dem Plunder kann ich mir den Sohn nicht einen Augenblick erkaufen. Alles umsonst; alles Mühen und Forschen.

Edwards. Noch ist nicht alle Hoffnung verloren; wir haben noch nichts Positives erfahren; unsicher die Nachricht, er sei beim Durchschwimmen des Rhein's ertrunken; unsicher alle andern Nachrichten, welche man uns für unser schweres Geld überall gab, eben deshalb unsicher, weil sie dem, der sie gab, Geld einbrachte; also noch nicht eine Gewißheit, daß er Dir verloren.

Adams. Eben diese Ungewißheit ist's hauptsächlich, die mich drückt und quält! Doch ich will nicht muthlos werden. Ich will Dich suchen, mein Sohn, und rastlos forschen nach Dir, bis sich meine Augen für immer schließen und meine Hoffnung mit mir begraben wird.

Edwards. Du hast hier in Zürich einen trefflichen Ausgangspunkt für Deine Nachforschungen. Deine Person ist hier sicher und gleichwohl hast Du die direktesten Verbindungen mit allen Hauptplätzen des Continents.

Adams. Wie sich unsere Schicksale durchkreuzen und mit einander verknüpft sind! Mein Sohn entflieht der weißen Sclaverei in derselben Zeit, als ich aus der Ferne herbeieile, ihn zum freien Mann zu machen; Du kamst, das Verzeihen, den Segen des Vaters zu erbitten, und fort ist er, fort! —

Edwards. Zieht erblindet in der Welt herum! Blind! Blind und dabei alt und gebrechlich! — — O sieh' rings um uns dies schöne Land, dies Paradies; wie kalt, wie gleichgültig läßt es uns — so macht das Unglück die Herzen und die Sinne zugleich stumpf.

Adams. Doch laß' uns weiter geh'n; komm', gehen wir diesen Weg, er führt uns in Waldeseinsamkeit, die Du immer so geliebt hast — (Gehen vorüber.)

Zweite Scene.

Reimann zerlumpt, bleich und abgezehrt, langsam gehend, dann sich setzend.

Reimann. Ich kann nicht mehr, die Füße versagen mir den Dienst; ist es auch ein Wunder? Acht Tage lang nur von wenig Brod und Wasser gelebt; ich fühle, wie meine Energie, meine Kraft mich verläßt; ich muß betteln oder verhungern! Hunger, verhungern! Schreckliches Wort! Ihr Hartherzigen und Gefühl= losen, die ihr immer mit weisen Rathschlägen den Darbenden abspeist! Ihr heuchlerischen Frömmler, die ihr den Nothleidenden auf den Himmel verweist! Wie bald würdet ihr euern Sinn ändern, wenn ihr selbst die bittere Noth, den Hunger in seiner ganzen schrecklichen Gestalt kennen lerntet. — Da sieht man wieder, daß der Dichter von einem höhern Geiste beseelt sein muß, wie hätte sonst Göthe, der glückliche, im Ueberfluß lebende Mann, sagen können: „Wer nie sein Brod mit Thränen aß, wer nie die kummervollen Nächte auf seinem Bette weinend saß, der kennt euch nicht, ihr himmlischen Mächte." — Auf denn, hungriger Bettler! Versieh' dein Gewerb! Dort kommen zwei Männer, die wohl aussehen, als könnten sie geben.

Dritte Scene.

Reimann. Adams und Edwards.

Reimann. Meine Herren! Ein Hungriger bittet um eine Gabe!

Adams. So jung schon betteln! Hören Sie, junger Mensch; wenn Sie arbeiten wollen, will ich Ihnen Arbeit verschaffen, aber Bettlern gebe ich aus Grundsatz nichts, wenn sie arbeitsfähig sind.

Reimann (bei Seite). Bettler! Bettler! Wie schneidet mir das Wort in's Herz. — (Laut.) Arbeiten will ich gerne; aber erst muß ich mich erholen, meine Kräfte sind erschöpft von Strapazen und Hunger.

Adams. Ich muß Euch sagen, junger Mann, daß ich nichts so verachte, als das professionsmäßige Fechten der Handwerker, und das sind Sie doch?

Reimann. Ja das wohl, aber —

Adams. Ich kann auch die allgemeine Ansicht des Volkes nicht theilen, das in solchen Sachen nur zu nachsichtig ist und meint, der Handwerksbursche müsse fechten, das gehöre dazu: sondern ich meine, man stellt damit dem ganzen Stand ein schlechtes Zeugniß aus. (Greift nach der Börse.)

Reimann. Und wenn Sie mir jetzt eine Gabe aufbringen wollten, ich nähme sie nicht; Sie, Herr, haben noch keine Noth kennen gelernt, sonst würden Sie nicht wegen einigen Unwürdigen den Stab brechen über Alle.

Edwards. Urtheilt nicht vorschnell, dieser alte Mann hat schon jede Art irdischer Trübsal empfunden; hier nehmt.

Reimann. Und wenn ich jetzt hier vor Euren Füßen verhungern sollte, keinen Pfennig, keinen Bissen nähme ich von Euch. — Ich bin kein schamloser Bettler, mich trieb die Noth, die wahre bittere Noth. (Ab.)

Vierte Scene.

Adams und Edwards.

Edwards. Was war das? Der Mensch sprach nicht wie ein Verdorbener. —

Adams. Irren ist menschlich! Laß uns ihm folgen! Sieh, er kann sich kaum aufrecht halten, darum glaubte ich, er wäre betrunken. Der stiere Blick, die abgerissene Kleidung ließen auf einen jener Landstreicher schließen, die den Namen Handwerksbursche zur Unehre gebracht haben, — deshalb meine Härte. Laß uns gehen, wir werden bald Gewißheit haben, ob ich ihm Unrecht gethan und dann will ich's gewiß wieder gut machen! (Ab.)

Fünfte Scene.
Kästner, von Röschen geführt.

Röschen. Hier, gutes Väterchen, ist eine Bank, hier wollen wir ruhen! Nicht?

Kästner. Recht! Recht! Ich bin müde! Danke Dir, liebes, gutes Kind! Also hier sind wir in der Schweiz! Siehst Du die Berge mit dem ewigen Schnee?

Röschen. Ich sehe sie! Weit im Hintergrund des blauen Sees, der sich dort unten ausbreitet! O, wie schön ist es hier! Wie herrlich! Dort rings um den See die schmucken Dörfer und Landhäuser, eingefaßt mit grünen Weinbergen, dort die Stadt mit ihren vielen Thürmen und Häusern! Viele kleine Schiffe fliegen hin und her und ziehen silberne Furchen in das schöne blaue Wasser! Und sieh dort! Sieh das stattliche Dampfschiff, eben fährt es ab!

Kästner. Sieh! Ich sehe mit dem geistigen Auge, denn oft habe ich in Büchern gelesen und Bilder gesehen von diesem schönen Lande!

Röschen. Lieber guter Vater, vergib mir dummem Kinde! Ach Gott! ich habe mich noch immer nicht so an das Schreckliche gewöhnen können!

Kästner. Ich habe Dir nichts zu vergeben, Kind. Sieh! Gott hat mich strafen wollen, daß ich meinen Sohn, als er gefehlt, verstieß, anstatt ihm zu verzeihen, ihm fluchte, anstatt sein

Herz durch Liebe dem Guten wieder zuzuwenden; — hat mich strafen wollen, daß ich nach allem schweren Ungemach mein Herz noch mehr verhärtete, zum Menschenfeind wurde, der selbst sein letztes unschuldiges Kind feindselig behandelte. Deshalb nahm er mir das Licht der Augen. Seitdem ich blind bin, sehe ich Dich erst so, wie ich Dich mit offenen Augen hätte sehen sollen, als mein liebes, theures Kind, das mir meine Härte mit Zärtlichkeit und Liebe vergibt! Komm an mein Herz, Du liebe, gute Tochter!

Röschen. Aber herzensgutes Väterchen! Sei doch nicht traurig und rede nicht von der Vergangenheit! Und sieh, was hast Du nicht gethan für mich! Hast Du nicht alle Deine Habe verkauft und ziehst mit mir in der Welt herum, meinen Otto zu suchen? Ach lieber Gott, laß uns ihn finden, damit er Dir das vergelten kann!

Kästner. Und wenn wir ihn gefunden, soll er Dich nicht wieder verlassen. Wohl hätte ich besser gethan, ihn damals, ehe das Unglück vorfiel, loszukaufen vom Militär und Dich und ihn glücklich zu machen, aber damals —

Röschen. Siehst Du, lieber Vater, ich muß Deinen Mund zuhalten, sonst redest Du immer wieder von damals und machst Dich traurig und wirst mir am Ende gar krank!

Kästner. Nun, nun, so wollen wir von etwas Anderem reden — von Deinem Otto, — von —

Röschen. Siehst Du! Siehst Du! Du kannst gut spotten! Aber froh bin ich doch, daß Du weißt, was ich denke! —

Kästner. Da wir seine Spur bis an die Grenze haben, so werden wir ihn hier in der Schweiz finden, denn er kann in kein anderes Land, weil er keine Papiere hat!

Röschen. Wie? Wegen Papieren?

Kästner. Ja, sieh meine Liebe, das ist nun einmal so! Ein Mensch ohne Papiere, d. h. ohne den Nachweis, wo er ge=

boren, getauft, welcher Gemeinde er angehört, — ein solcher Mensch hat gar kein Recht zu leben!

Rö s chen. Das ist ja schrecklich!

Käftner. In Amerika und England macht man von dieser Regel eine Ausnahme und bei politischen Flüchtlingen die Schweiz; deshalb können wir mit Gewißheit hoffen, unsern Deserteur hier einzufangen.

Röschen. O dann komm Vater, komm! Wir wollen eilen! Keine Hütte, kein Dorf, keine Stätte, wo Menschen wohnen, wollen wir vorübergehen lassen, ohne nach ihm zu fragen, und endlich, endlich müssen wir ihn doch finden! Komm, Vater, komm!

Käftner. Sieh! sieh! Wie Deine Müdigkeit vergangen ist!

Röschen. O wenn ich wüßte, wo ihn finden, ich wollte laufen viele Tage und Nächte! (ab.)

Sechste Scene.

Eingang zu einem Gasthaus, mit anstoßendem Garten. Man hört hinter der Scene ein Quartett Mendelsohn's, „Lied der Deutschen", singen. Reimann ganz erschöpft auf einer Bank neben dem Garten.

Reimann. Armer Vater! — Jetzt weiß ich, was es heißt, arm und verlassen sein, jetzt weiß ich, was es heißt, verbannt und geächtet sein! Wie dringen einem da solche vaterländische Lieder in's Herz! — Und ihr, die ihr da drinnen fröhlich seid, ahnt nicht, daß hier ein Landsmann, dem Hungertode nahe, euern Liedern lauscht! Das Herz voll bittrerem Weh, der Verzweiflung nahe! — (Man singt hinter der Scene das Lied von der Heimath, letzter Vers: „Ich kann nicht nach Hause, hab' keine Heimath mehr.") Auch das noch! — Wer es auch sei, der dieses Lied dichtete, diese Melodie dazu erfand — er muß es gewußt haben, was das Herz eines Heimathlosen bewegte! — Ach! — Welch eine Empfindung überfällt mich? Das muß — die Müdigkeit sein, die dem Tode vorangeht! Er sei mir willkommen — willkommen — (wird ohnmächtig).

Siebente Scene.

Drei Arbeiter kommen promenirend aus dem Garten.

Erster Arbeiter. Doch wieder einmal ein schöner Sonntagsnachmittag! — Halloh! Wer liegt da! — Er schläft — nein, er muß ohnmächtig sein, denn das ist kein gesunder Schlaf!

Zweiter Arbeiter. Heda Freund! Was ist mit Euch?

Reimann. (fährt in die Höhe). Was ist! O laßt mich schlafen — ich träumte so schön.

Erster Arbeiter. Geschwind ein Glas Wein! Etwas Brod! Geschwind! (ein Arbeiter ab.) Der Mann ist matt vom Hunger!

Zweiter Arbeiter. Wie sieht er elend aus! Wie abgerissen! Armer Kerl!

Dritter Arbeiter (bringt Wein und Brod. Es kommen noch Mehrere und gruppiren sich um Reimann). Hier Wein und Brod!

Erster Arbeiter. So jetzt trink' mal, Landsmann, nimm einen Bissen Brod! (Reimann trinkt und ißt.) Du gehst dann mit uns nach der Stadt! Dort sollst Du Dich erst ordentlich restauriren!

Reimann. Habt Dank für Euere Güte! Ihr habt mir das Leben gerettet!

Erster Arbeiter. Ach was Dank! Was braucht's da Dank! S'ist Menschenpflicht! (Man hört hinter der Scene den letzten Vers des Liedes: „Kommt, Freunde, trinket froh mit mir" singen, wenn der Arbeiter ausgesprochen, den Refrain: „Dem Vaterlande sei's gebracht, auf daß es glücklich sei und frei" lauter singen.)

Reimann (hebt das Glas). Dem Vaterlande sei's gebracht, auf daß es glücklich sei und frei! (trinkt.) Mißdeutet die Thränen nicht, die mir im Auge stehen, liebe Landsleute, sie kommen aus einem übervollen Herzen!

Erster Arbeiter. Kann mir schon denken! Gewiß wieder ein Opfer unserer vaterländischen Glückseligkeit.

Zweiter Arbeiter. Schon lange unterwegs, Freund?

Reimann. Nicht lange, doch eine schreckliche Reise war es!
Erster Arbeiter. Erzähle! Erzähle! Doch trink' zuerst!
Reimann. Kurz ist meine Erzählung. Ich war Soldat, wurde mißhandelt, gepeinigt, gereizt, und als mein Peiniger, ein übermüthiger Junker, daran war, auf mich zu schießen, weil mich meine Kameraden auf seinen Befehl nicht fesseln wollten, — kam ich ihm zuvor und erschoß ihn! — dann flüchtete ich. Es war eine schreckliche Flucht! — Gehetzt wie ein wildes Thier durch Wald und Feld, über Berg und Thal, erreichte ich endlich den Rhein, die Verfolger mir auf den Fersen — stürzte mich in den Strom und erreichte glücklich das andere Ufer. Aber die Jagd war noch nicht zu Ende. Noch hatte ich eine Stunde bis zur Grenze und zwei Gendarmen, die mich aus dem Wasser steigen sahen, setzten die Jagd fort. — Mit Aufbietung aller Kräfte, erreichte ich den Grenzpfahl — kaum hatte ich zwei Schritte auf französischem Gebiet gemacht, so stürzte ich zusammen. Und jetzt hätte ich den Entschluß, nicht lebendig mich fangen zu lassen, nicht ausführen können, denn hier fanden mich meine Verfolger und nur die Dazwischenkunft eines französischen Försters bewahrte mich vor der Gefangennahme! — Lange Wochen lag ich krank in einem armseligen Spitale, dann mußte ich fort und immer weiter fort, von Ort zu Ort weiter gewiesen von der Polizei, denn ich hatte ja weder Papiere noch Geld! Auf der Schweizergrenze gab man mir eine kleine Münze, gerade hinreichend, um einen Tag zu leben; heute sind es zehn Tage, daß ich damit mein Leben friste und heute wollte ich zum erstenmale — betteln!

(Adams und Edwards haben die ganze Erzählung seitwärts mit angehört, mit lebhaften Geberden begleitet. Jetzt tritt Adams schnell gegen Reimann vor.)

Achte Scene.
Vorige. Adams und Edwards.

Adams. Zum ersten und will's Gott zum letztenmale! Denn der Dir das erste Almosen verweigerte, es war — o komm an mein Herz — es war ja — sieh mich recht an — ich bin Dein Vater! Ich war's, der Dich umsonst bitten ließ! (umarmt ihn).

Reimann. Mein Gott! Bin ich bei Sinnen — ist es keine Täuschung — nein, er ist's! Er ist's! Das sind seine treuen Augen, das ist seine Stimme, die mir traumhaft aus meiner Kindheit erinnerlich waren (stehen einen Augenblick in stummer Umarmung).

Adams (nimmt Reimann bei der Hand). Und in diesem Zeugen unseres Wiederfindens lerne den treuen Freund Deines Vaters, den Bruder Deiner Braut, Eduard Käftner, kennen und lieben.

Reimann. Nicht möglich! Röschen hat keinen Bruder mehr — doch woher weißt Du —

Adams. Wir wissen Alles! Alles was Du gelitten, was Dich forttrieb, wie hätte ich sonst aus Deiner Erzählung Dich wieder erkannt? Ja, wir wissen, was Du vielleicht noch nicht weißt, daß Dein Röschen ausgezogen ist mit ihrem blindgewordenen Vater, Dich zu suchen.

Reimann. Röschen mit ihrem Vater! mit ihrem blindgewordenen Vater?

Edwards. Sohn meines Freundes, Deine Hand! Es ist so wie Dein Vater sagt und ich bin auch eben so gewiß Röschens Bruder, derselbe, der damals nicht vermochte seine Menschenwürde höher zu stellen als falschen Ehrgeiz, falsches Ehrgefühl. Bitter habe ich dafür gelitten — sei Du mit meiner Schwester Fürsprecher bei meinem Vater.

Reimann. Mein Wort darauf, doch es wird dessen nicht bedürfen.

Adams. Jetzt kommt meine Freunde, komm mein Sohn, bei goldnem Rheinwein laßt uns das Wiedersehen feiern — zwar nicht in der Heimath, wie ich es gehofft, aber doch wenigstens auf freiem Boden.

Reimann. (Zu den Arbeitern, die sich um die Drei gruppirt haben.) Ihr lieben Landsleute, habt mir heute mein Leben gerettet,

aber ich schwöre Euch, daß ich es zu jeder Stunde freudig hingeben würde, könnte ich durch's ganze Vaterland den einen Ruf schallen hören: Nieder mit dem Militärdespotismus!
Alle. Nieder damit!
Adams. Ein Hoch der Freiheit!
(Arbeiter bringen ein Sängerhoch aus, währenddem Alle in das Haus hineingehen.)

Neunte Scene.

(Man hört wieder in der Wirthschaft singen.)
Röschen. Kästner.
Röschen. Hier ist ein Gasthaus, Vater, wollen wir hier bleiben. Horch, da drinnen gehts lustig zu! Ah! welch schöner Gesang.
Kästner. Laß uns dem Gesang ein wenig zuhören, es ist ein schönes, ein deutsches Lied.
Röschen. Komm, Väterchen hier hört man's gut auf dieser Seite.

Zehnte Scene.

Vorige. Adams, Edwards, Reimann.
(Röschen erschrickt, als sie Reimann sieht.)

Reimann. Ich hielt es nicht aus da drinnen, mußte allein sein mit Euch.
Röschen. Mein Gott! Welche Stimme?
Adams. Mir ging es g'rad so. O mein Sohn! Mein Sohn!
Röschen. Er ist's! Vater, er ist's! (springt Reimann um den Hals) Mein Otto! Ich hab' ihn wieder! Vater, ich hab' ihn wieder!
Reimann. Röschen, meine Einziggeliebte! Du hier! In meinen Armen? — Zu viel des Glücks auf einmal — Röschen, mein liebes, liebes Röschen — sieh hier meinen mir wiedergeschenkten Vater; hier, Vater, Deine Tochter.

Edwards. (Edwards hat in großer Bewegung Adams bei der Hand gefaßt).

Käftner (ftreckt die Hände aus). Röschen! Mein Sohn Otto!

Edwards (ftürzt ihm entgegen). Und hier, Vater, Dein Sohn! Dein verlorner, aber Dein reuiger Sohn.

Käftner (fteht zitternd auf). Bin ich schon gestorben oder stehen die Todten auf? Das war meines Eduards Stimme.

Edwards. Nicht seine Stimme nur, er selbst! O Vater, Vater, Verzeihung! Deinen Segen gib mir! Dein Schwert hatte mich nicht getödtet, wie ich es verdient.

(Reimann und Röschen treten zu Käftner und Edwards, Beide umfassend, Adams hinter fie.)

Käftner. Hörst Du, Röschen, hörst Du, mein Sohn Otto! Ich habe meinen Sohn nicht getödtet! Hier liegt er in meinen Armen! — Meine Augen können ihn nicht sehen, aber ich fühle, wie sein Herz schlägt an dem meinen, ich höre seine liebe Stimme.

Adams (legt Käftner die Hand auf die Achsel). Hier ist noch Einer, den das angeht. Alter Kampfgenosse! Laß uns auch in unsern alten Tagen so zusammenstehn im Frieden wie früher im Kampfe.

Käftner. Bist Du es, Reimann! Immer noch die markige Stimme, die damals das Kampfgetöse übertönte! — So manchen unserer damaligen Genossen raffte der Tod hinweg im Kampfe für die Freiheit, so Manchem brach das Herz im Zuchthaus unter Räubern und Mördern.

Adams. Doch nicht umsonst! Der Opfer bleiche Schatten wandeln hin durch das weite Land, stärken die Ermatteten und schüren der Freiheit Feuer! Ob auch Tausende verderben in Kampf und Noth und Sturm, die Idee der Freiheit stirbt nicht, sie überlebt den Tod!

(Ende.)

Anmerkungen.

1) Einer der wenigen Vortheile des straffen Exerzitiums in stehenden Armeen, der noch dazu wegen seiner rein äußerlichen Wirkung stark in die Augen springend ist, besteht in dem Aneignen einer geraden, aufrechten Haltung, einem festen Tritt gegenüber dem vorherigen Zustande mancher oder vielmehr der großen Mehrzahl jener Landarbeiter, Taglöhner und gewisser Handwerkerklassen. Wer Gelegenheit gehabt hat, die Einwirkungen des Turnens und zwar des frühen Turnens in dieser Richtung kennen zu lernen, wird mir zustimmen, wenn ich behaupte, daß dieser eine Vortheil des Militärwesens durch allgemeinere Einführung des Turnens sofort verschwinden muß.

2) Die Kriegsartikel, dieser Katechismus der stehenden Armeen, bilden die Handhabe der militärischen Dressur; man könnte sich an dem Wort Dressur stoßen, aber mir sind die instruirenden Unteroffiziere zum größten Theil in der Art und Weise ihrer Amtsthätigkeit vorgekommen, wie jene Menschenklasse, welche sich mit Abrichtung von Jagdhunden beschäftigt. Die Kriegsartikel, das Militärstrafgesetzbuch, geben diesen Menschen eine größere Macht über ihre Untergebenen als einem Sclavenaufseher je gegeben war. Das Militärstrafgesetzbuch verbietet körperliche Mißhandlung des Soldaten, bestimmt aber, daß bezügliche Anzeigen auf dem Dienstwege, d. h. zunächst an den nächsten Vorgesetzten, von diesem dem zweitnächsten und sofort, gemacht werden. Jetzt ist aber der nächste Vorgesetzte eines Mißhandelten gewöhnlich der Angeklagte selbst, dem durch gesetzlich erlaubte Quälereien, die gewöhnlich in gesuchten Ausstellungen dienstlicher Verrichtungen ihren Grund finden müssen, genug Mittel zu Gebote stehen, dem Verwegenen, welcher es wagt, seinen Vorgesetzten anzuklagen, dies auf eine Weise entgelten zu lassen, die dem Armen eine Fortsetzung seiner Klage (über welche er natürlich von jeder Instanz, welche dieselbe passirt, scharf in's Gebet genommen wird) wohl zu verleiden im Stande ist. — Bei jeder thunlichen Gelegenheit werden diese Kriegsartikel der Mannschaft mit dem gehörigen Nachdruck vorgelesen, oft in einer Woche 2 bis 3 Mal, abgesehen von den

Examen, welche während den sogenannten theoretischen Instruktionen über dieselben abgehalten werden. Zum Ueberfluß bekommt jeder Soldat ein Exemplar in Carton zugestellt, welches zu den sogenannten reglementsmäßigen Ausrüstungsgegenständen gehört und dessen Lektüre ihm angelegentlichst empfohlen wird — und so kann es denn nicht fehlen, daß der junge Soldat diese Grundlage aller militärischen Dressur in sich aufnehmen muß, er mag wollen oder nicht.

3) Diese Sprache lasse ich den Korporal Knolle führen, weil es diejenige ist, welche gewiß Jeder, der das „Glück" hatte Soldat zu sein, von seinen Vorgesetzten hören mußte; es ist eine wahre Schande, wie „höheren Orts" diese Sonderstellung des Soldatenstandes, als eine Hauptbedingung seiner Nutzbarkeit im „innern" Dienst, sorgfältig genährt wird. Excesse gegen Civilpersonen finden die allermildeste Beurtheilung. Ja, der würdige Sergeant, dem ich meine Ausbildung verdanke, pflegte zu sagen (wenn in der Theorie dieses Kapitel berührt wurde): der Soldat soll sich nicht mit Civilisten hauen; aber Gott verdamme mich, derjenige von Euch, der sich von Civilisten durchprügeln läßt, kann Gift b'rauf nehmen, daß er seine 14 Tage strengen Arrest kriegt und vor mir soll er sich dann in Acht nehmen!

4) Ueber die Handhabung dieses Artikels werden in meinem schon erwähnten Schriftchen „Geheimnisse einer Garnison" haarsträubende Thatsachen gebracht werden.

5) Dieser Lieutenant v. Dünkel sowohl als der Korporal Knolle sind in ihrer Redeweise und Benehmen gegen die Soldaten getreu zweien meiner ehemaligen Vorgesetzten (die allerdings noch zu den Besseren gehörten) nachgebildet.

6) Für jeden Rekruten wird bei seiner Einreihung in die Armee von der Behörde seines Heimathsortes eine Conduitenliste eingereicht, welche sorgfältig von den sogenannten Visitationskommandanten (jeder Abtheilung von 20 Mann ist ein Korporal unter dieser Bezeichnung vorgesetzt) fortgeführt wird und alle Bemerkungen enthält, welche in Bezug auf den betreffenden Mann nach jeder Richtung hin gemacht werden; selbstverständlich ist auch hier der Willkür des betreffenden Unteroffiziers freier Spielraum gelassen, und wehe dem, welcher seinem Visitationskommandanten nicht gefällt.

7) Flintentragen: Der Betreffende muß auf jeder Achsel ein Gewehr tragen in der Weise, daß das Bajonett auf der Achsel liegt, die Spitze desselben mit der Hand gehalten wird, während das eigentliche Gewehr wagerecht hintenaus liegt; auf diese beiden Gewehre wird zwischen Kolben und Schloß ein drittes quer übergelegt und der Mann muß unter Aufsicht eines Unteroffiziers mit diesem Gepäck 1—3 Stunden in den dazu bestimmten Räumen auf und ab gehen; eine äußerst peinliche und anstrengende Strafe. —

Revuemachen: Alle Ausrüstungsgegenstände sorgfältig geputzt, den Tornister vorschriftmäßig bis auf die kleinsten Gegenstände gepackt, so muß der Mann, dem diese Strafe diktirt wird, gewöhnlich in der frühesten Morgenstunde vor dem betreffenden Vorgesetzten erscheinen. Da Rekruten bis spät Abends anderweitig beschäftigt werden und alle die Sachen, die da geputzt und verpackt werden müssen, den Tag über benutzen, so kann man sich denken, worin bei dieser Strafe das Peinliche liegt, zumal dieses Revuemachen gewöhnlich auf 8—14 Tage hintereinander diktirt wird und dem Betreffenden jedes Mal 4—5 Stunden Arbeit macht.

8) Der Kern dieser Erzählung fällt in die 40er Jahre, wie sich jeder Sache erinnern wird.

9) Bekanntes Soldatenlied nach der Melodie eines Sturmmarsches.

10) Fast jeder der Kriegsartikel enthält Androhung von Zuchthaus, Arbeitshaus oder Todesstrafe.

11) Nicht umsonst werden auch die Leute, welche sich zu Unteroffizieren qualifizieren, so sehr geschätzt und in jeder Weise begünstigt; man zieht da hauptsächlich Leute vor, welche keinen Beruf haben, der den Glanz einer Unteroffiziersstelle (welche später zu der eines Gendarmen oder Grenzwächters führt) verdunkelt, und schafft sich aus diesem Material nach der Militärzeit eine bedeutende Anzahl Civilbeamte, die der Regierung blind ergeben und außerdem noch Lobredner des Soldatenstandes werden.

12) Diese Scene ist weder erfunden, noch ist selbe der Höhepunkt der Auftritte, welche dem unnatürlichen Verhältnisse zwischen Offizieren und Mannschaft bei stehenden Armeen ihren Ursprung verdanken. Die geheime Geschichte der stehenden Heere aller Länder bietet zahlreiche erschütternde tragische Scenen dieses Genre's.

Bezüglich der Aufführung des Stückes glaube ich bemerken zu müssen, daß das Einüben der militärischen Scenen unbedingt einem Soldaten oder mit den betreffenden militärischen Einrichtungen vollkommen vertrauten Manne überlassen werden muß.